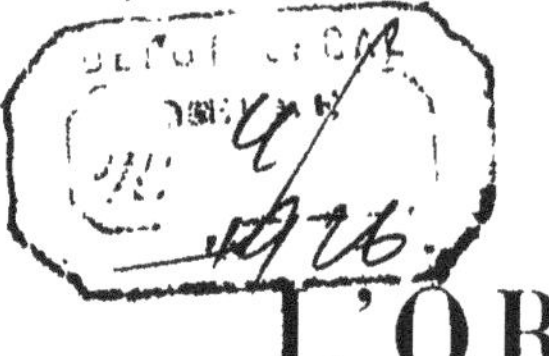

L'ORIGINE

ET

LES PREMIERS DÉVELOPPEMENTS

DE

L'INALIÉNABILITÉ DOTALE NORMANDE

PAR

R. GÉNESTAL

PROFESSEUR A LA FACULTÉ DE DROIT DE CAEN

SOCIÉTÉ ANONYME

DU

RECUEIL SIREY

22, *Rue Soufflot, PARIS*, 5e

LÉON TENIN, Directeur de la Librairie

1925

L'ORIGINE

ET

LES PREMIERS DÉVELOPPEMENTS

DE

L'INALIÉNABILITÉ DOTALE NORMANDE

(Extrait de la *Nouvelle Revue historique de droit français et étranger*,
n° 4, octobre-décembre 1925)

L'ORIGINE

ET

LES PREMIERS DÉVELOPPEMENTS

DE

L'INALIÉNABILITÉ DOTALE NORMANDE

PAR

R. GÉNESTAL

PROFESSEUR A LA FACULTÉ DE DROIT DE CAEN

SOCIÉTÉ ANONYME

DU

RECUEIL SIREY

22, *Rue Soufflot, PARIS*, 5[e]

LÉON TENIN, Directeur de la Librairie

—

1925

L'ORIGINE

ET

LES PREMIERS DÉVELOPPEMENTS

DE

L'INALIÉNABILITÉ DOTALE NORMANDE

Avec l'exclusion de communauté, le trait le plus caractéristique et le plus connu du régime matrimonial normand, c'est l'inaliénabilité dotale. Le bien de la femme — *maritagium* qu'elle a apporté à son mari, immeubles qu'elle a pu recueillir par succession pendant le mariage — de même que le bien du mari dans la mesure où il est soumis au douaire, la *dos* dans les deux sens du mot, dot et douaire (1), est absolument inaliénable, et la

(1) Le douaire préfixe, au moins, était inaliénable exactement dans la même mesure que le *maritagium*. Pour le douaire coutumier la question est plus délicate. Quant au droit anglais, M. Holdsworth estime que, pour Glanville, seul le douaire préfixe est inaliénable (Holdsworth, *History of English law*, III, p. 193 et 194). En Normandie il est certain qu'au XIIIᵉ siècle l'inaliénabilité s'applique aussi au douaire coutumier, mais peut-être pas de la même manière. Les immeubles sur lesquels portera le douaire de la femme, n'étant pas déterminés par avance, la coutume lui assurant seulement une quote-part des biens du mari, il est difficile de croire que la veuve puisse évincer les acquéreurs des biens de son défunt mari, quand elle trouve dans la succession de celui-ci de quoi prendre son tiers. C'est ce que semble vouloir dire le *Très Ancien Coutumier* (ch. LXXIX, 7), quand il expose que le mari ne peut par ses aliénations empêcher que la veuve ait son douaire (*quin habeat*...). Dans les passages qui donnent à la femme le droit de

femme peut toujours reprendre à l'acquéreur le bien aliéné par son mari, quelque assentiment qu'elle ait donné à l'aliénation.

C'est la règle qu'affirment avec vigueur les Coutumiers du XIIIe siècle (1) et la Coutume réformée du XVIe siècle la reproduit encore, quoique sous une forme atténuée.

Il semble donc qu'il y ait là un élément originaire et essentiel du système juridique normand, produit de conceptions antiques ayant poussé dès longtemps de profondes et indestructibles racines dans le droit de cette province. Je crois cependant, et je voudrais essayer d'établir qu'il n'en est rien. Cette inaliénabilité dotale est au contraire un élément romain introduit au XIIe siècle dans notre droit, qui d'ailleurs réagit violemment et réussit au bout d'un siècle d'efforts à éliminer le principe étranger, que seule put faire reparaître, mais cette fois sous une forme bien adoucie, la nouvelle poussée romaniste du XVIe siècle.

I

Il est *a priori* tout à fait vraisemblable que l'inaliénabilité absolue soit un vieux principe du droit normand,

reprendre en nature le bien du mari aliéné et à l'acquéreur le droit de réclamer *excambium* à l'héritier, il s'agit sans doute du cas où il ne reste pas à la mort du mari assez d'immeubles sujets au douaire, pour lui fournir son dû, *Très Anc. Cout.*, IV, 3; LXXVIII, 6. Dans le premier texte il est assez clairement dit que l'*excambium* sera fourni à l'acquéreur évincé sur les meubles de la succession ou sur l'*hereditas heredis venditoris*. C'est donc que la femme ne trouvait pas dans la succession de son mari de quoi prendre son douaire. D'ailleurs permettre à la femme d'évincer l'acquéreur, quand le mari a laissé au moins le tiers des immeubles sujets au douaire, serait lui permettre de choisir les biens sur lesquels elle veut prendre douaire. Or, en principe, ce choix ne lui appartient pas; la douairière lotit et l'héritier choisit. Voir R. Génestal, *Plaids de la Sergenterie de Mortemer*, n° 208, *Bib. Hist. droit norm.*, 1re série, V, 1923, in-8°; et Delisle, *Cartul. normand*, n°s 412 et 413, 1235. Tel est encore le droit qui résulte dans la Coutume réformée des articles 379 et 403. Voir les commentateurs sur le premier de ces articles.

(1) *Très Ancien Cout.*, IV, 1 et 2; *Summa*, C, 2.

antérieur à l'époque où l'influence du droit savant put se faire sentir sur les esprits des juristes et la pratique des tribunaux (1).

En effet, cette même règle, qu'expriment si nettement nos coutumiers à l'extrême fin du XIIe et dans le second quart du XIIIe siècle, on la trouve également dans les coutumiers anglais avec quelques nuances de détail (2). Et de part et d'autre on en donne la même justification.

La volonté de la femme, dit Glanville, ne peut être prise en considération, parce que, pendant le mariage, elle est tenue d'obéir à son mari et qu'elle n'a pu, contre la volonté de celui-ci, pourvoir à ses intérêts (3).

Et le *Très Ancien Coutumier* dit de même: *si preceptum sponsi sui adimpletur, fecit quod debuit; mulier enim in multis et in plurimis et fere in singulis viro suo obedire debet* (4).

(1) On pourrait songer à chercher un précédent à l'inaliénabilité dotale du XIIe siècle dans le *mariage-parage* de Glanville (VII, 18). Le *maritagium* était en ce cas susceptible pendant trois générations de revenir au donateur faute d'héritier. Sans doute, dans ces conditions, était-il inaliénable (En ce sens Pollock and Maitland, *History of English law*, II, 16). Or le mariage-parage a été appliqué en Normandie, j'en ai relevé des traces au XIIIe siècle (R. Génestal, *Le parage normand*, p. 36, *Bib. d'Hist. du droit normand*, 2e série, I, fasc. 2, Jouan, 1911, in-8°). Mais rien ne permet de croire que l'inaliénabilité résultant du lien de parage fût absolue et que le consentement, non de la femme seule évidemment, mais de la famille de celle-ci, n'y pût être valablement donné.

(2) Pollock and Maitland, *History of English law*, II, p. 410.

(3) Il dit, à propos des actions relatives aux biens de la femme et intentées par le mari : *Non videtur autem quod per factum viri sui debeat mulier in tali casu aliquid juris amittere, quia, dum fuit in potestate viri sui, in nullo potuit contradicere aut contrairé ejus voluntati et ita non sibi potuit contra voluntatem viri sui in jure suo prospicere* (XI, 3). Et la femme a si bien, ajoute-t-il à propos du douaire (VI, 3), le devoir d'obéir à son mari que le fait de s'opposer à sa volonté, en refusant son consentement à une aliénation, bien loin de sauvegarder son droit, lui ferait perdre tout recours. Cette rigueur est propre au droit anglais et même à Glanville.

(4) *Très Ancien Cout.*, IV, 2. D'après J. Tardif (*Ibid.*, *Introd*, p. XLVIII) cette phrase engagerait la femme à respecter les aliénations faites par son mari, parce qu'elle lui doit obéissance. Dans le même sens, Le Poittevin,

Quand on rencontre des deux côtés de la Manche une même règle ainsi basée sur les mêmes principes, il est bien tentant d'en conclure que cette règle remonte à un droit normand antérieur à la conquête de l'Angleterre et qu'elle est basée sur quelque vieux principe essentiel de ce droit, ici sur le fameux principe qu'expriment si fortement les juristes anglais du XIIIe et du XIVe siècles, l'effacement de la personnalité juridique de la femme derrière celle de son mari, la *conjugal unity.*

Il est impossible cependant de s'en tenir à cette hypothèse si simple et si tentante.

Les historiens anglais ont montré, d'une part que la notion de l'absorption par le mari de la personnalité de la femme était une création de la doctrine du XIIIe siècle (1); a *conjugal unity* est une exagération de l'*unitas carnis* des théologiens et des canonistes. Et d'autre part ces mêmes historiens ont établi par de nombreuses chartes du XIIe siècle qu'anciennement l'aliénation faite par le mari du consentement de sa femme était parfaitement valable (2).

Voilà donc que se brise entre nos mains la chaîne qui devait nous permettre de rattacher le droit de Glanville au droit normand du XIe siècle.

S'il en était de même du droit normand continental, si lui non plus n'avait pas, avant la fin du XIIe siècle, connu l'inaliénabilité absolue, il faudrait donc bien conclure qu'il y a là un principe nouveau qu'une même influence a introduit, à une date assez récente, à la fois dans deux systèmes juridiques, qui n'évoluaient pas avec

Des droits de la fille ou du mariage avenant dans la Coutume de Normandie, Nouv. Rev. hist., 1889, p. 283, n. 1. Mais le texte me paraît bien plutôt vouloir dire que le devoir d'obéissance empêchait la femme de refuser son consentement et que, pour cela même, ce consentement était sans valeur.

(1) Pollock and Maitland, *History of English law*, II, p. 405.

(2) Pollock and Maitland, *History of English law*, II, p. 424.

une complète indépendance l'un de l'autre. C'est ce que je vais essayer d'établir.

Pas plus en Normandie qu'en Angleterre, l'aliénation faite par le mari du consentement de la femme ne paraît, au XIIe siècle, rescindable après la mort du mari.

Il est difficile de croire en effet que tant d'actes, par lesquels les femmes concourent avec leurs maris à la vente ou à l'engagement de leur *maritagium* ou de leur douaire, soit que la femme consente, soit qu'elle paraisse à l'acte comme agissant avec son mari, accomplissant avec lui les gestes symboliques de l'aliénation, aient été radicalement nuls (1).

Il est difficile de croire que les prudents normands n'aient pris aucune précaution pour parer à la réclamation possible de la femme, tandis qu'on les voit songer au recours des héritiers (2); qu'ils n'aient pas, en d'autres termes, en présence d'une règle rendant inaliénables les biens de la femme, essayé de la tourner.

Il est difficile surtout de croire qu'un consentement sans aucune valeur ait été payé, et parfois assez cher, par l'acquéreur.

En voici deux exemples entre bien d'autres : Du temps de Guillaume le Conquérant, Osmont de Ham vend un fief à l'abbaye de Préaux avec le consentement de sa femme et de son fils. *Et quia eadem terra ex dote ipsius*

(1) La démonstration a été fort bien faite par M. Charles Astoul, qui a cité bon nombre de textes dans son étude sur *les propres de mariage* (*Travaux de la Semaine de droit normand tenue à Jersey en 1923*, Caen, 1925, p. 16). J'attire particulièrement l'attention sur les actes dans lesquels la femme joue un rôle plus actif: *Quibus presentibus posuit ipse Turstinus cum uxore sua et filio donationem de predicta terra super altare* (Saint-Etienne de Caen, 1096, R. Génestal, *Rôle des monastères comme établissements de crédit*, P. J. 1, p. 215); *J. de Suligneio et Aeliz uxor mea... super altare cum missali maxima devotione saisivimus* (*Cart. de Montmorel*, n° 4, 1160).

(2) D. et sa femme font une donation. Ils prévoient le recours des héritiers, mais non celui de la femme elle-même (*Cart. du Tréport*, n° 6, p. 25, 1107).

Adhelidis erat, dedit ei abbas Gaufridus unum equum, ut libentius concederet, quod et fecit (1).

Et en 1080 c'est l'abbé de Jumièges qui, payant 7 livres au mari, donne en outre une once d'or à la femme (2).

On peut même voir un mari mettre dans la main de sa femme le prix du bien vendu, pour bien marquer que la terre est vendue par elle-même (3).

Mais si nous n'avons pas dans l'inaliénabilité dotale un vieux principe normand, s'il s'agit là d'une règle nouvelle apparaissant à la fin du XIIe siècle à la fois en Normandie et en Angleterre, nous sommes invinciblement amenés à y voir le résultat d'une influence étrangère, de l'influence du seul système juridique qui ait connu la règle, du droit romain (4).

On sait que le droit romain a été étudié en Normandie et en Angleterre dès la fin du XIe siècle (5). On peut déceler dans nos Coutumiers d'autres traces de romanisme (6).

(1) *Cart. de Préaux* (Archives de l'Eure), n° 455, f° 141.

(2) Vernier, *Chartes de l'abbaye de Jumièges*, n° 32, 7, I, p. 107.

(3) « Eo anno quo regina Mathildis migravit a seculo, emit Mathildis abbatissa in Argentiis apud Fraxinum de Gisleberto bonum dimidium aripennum vinee VI. lib. et X. sol., quos Bernardus posuit in manu uxoris illius de cujus hereditate fuerat ». *Cart. de la Trinité de Caen*, f° 24, r°. M. Ch. Astoul (*op. cit.*, p. 18) a émis cette hypothèse ingénieuse que, si l'on paye le consentement de la femme, c'est pour lui donner une valeur, qu'autrement il n'aurait pas; c'est un principe assez général en effet que celui qui refuse aux actes gratuits et sans cause une solidité égale à celle des actes à titre onéreux. On pourrait dire aussi que la femme hésitera à demander la rescision de l'aliénation, s'il lui faut restituer le prix qui a payé son consentement. Mais si cette explication a l'avantage de concilier le principe de l'inaliénabilité avec la rémunération du consentement de la femme, il laisse inexplicables tous les actes dans lesquels la femme donne un consentement gratuit.

(4) Il ne faut naturellement pas songer au droit romain antejustinien qui ne connaissait qu'une inaliénabilité relative. M. Ch. Astoul le remarque fort justement en écartant l'hypothèse de P. Viollet (Astoul, *op. cit.*, p. 17).

(5) Ex. Caillemer, *Le droit civil dans les provinces anglo-normandes*, *Mémoires de l'Acad. de Caen*, 1883.

(6) Bien avant même nos Coutumiers, certaines institutions romaines

L'influence directe de l'Ecole sur le développement de la règle que nous étudions n'est donc pas en elle-même invraisemblable. Mais je crois que nous pouvons découvrir le canal, par lequel la règle du droit de Justinien a pénétré dans notre Coutume. C'est la jurisprudence des tribunaux ecclésiastiques.

Nous avons, dans une décrétale adressée à un diocèse voisin de la Normandie, une preuve que la règle romaine était appliquée, au début du XIIIe siècle, et avec la plus grande rigueur, par les officialités. C'est la décrétale *cum contingat* qu'Innocent III adressait en 1210 à l'évêque de Beauvais (1).

Ce dernier l'avait consulté sur la valeur de la renonciation jurée de la femme au principe romain de l'inaliénabilité. Le texte suppose donc que, dans le diocèse de Beauvais, les veuves trouvaient des juges pour rescinder les aliénations auxquelles elles avaient consenti. Or dans le droit coutumier de cette région, les propres et le douaire sont parfaitement aliénables avec le consentement de la femme (2). La question délicate que sou-

s'étaient introduites dans la pratique normande. Robert de Torigny, un peu avant 1154, connaissait la légitimation par mariage subséquent et témoigne qu'elle était alors, avant la décrétale fameuse d'Alexandre III, déjà pratiquée en Normandie, puisqu'on mettait les enfants sous le poële. (R. Génestal, *La légitimation des enfants naturels en droit canonique*, p. 147, *Bib. Ec. hautes études*, *Sciences religieuses*, fasc. XVIII, Paris, Leroux, 1905, in-8°).

(1) « Cum contingat interdum quod, constante matrimonio, mulieres alienationibus super rebus dotalibus et donationibus propter nuptias consentiant, ne ulterius contraveniant proprio sacramento firmando ; ae, soluto, processu temporis, matrimonio, contravenire nitantur : utrum hoc eis liceat, a nobis tua fraternitas requisivit. Nos autem fraternitati tuæ taliter respondemus quod, etsi mulierum consensus in talibus non videatur obligatorius secundum legitimas sanctiones, ne, tali tamen prætextu, viam contingat perjuriis aperiri, mulieres ipsæ servare debent hujusmodi juramenta sine vi et dolo sponte prestita, cum in alterius præjudicium non redundent nec observata vergant in dispendium salutis æternæ. » c. 28, **X**, II, XXIV.

(2) « Le tresfon de l'éritage qui est de par la fame ne puet li maris vendre sé ce n'est de l'otroi et de la volonté de sa fame, ne le sien meisme, se ele

met au pape l'évêque de Beauvais ne s'est donc pas posée dans une juridiction séculière de son diocèse.

Il n'y a qu'une juridiction dont on puisse vraisemblablement supposer qu'à cette époque et dans ce pays elle pouvait prétendre appliquer les règles romaines de l'inaliénabilité dotale ; c'est la juridiction ecclésiastique, assez largement compétente pour connaître des affaires des veuves (1).

Or en Normandie également l'Église était ou avait été compétente en matière de douaire et de *maritagium*, même immobilier. Vers 1190 la question était discutée entre l'épiscopat et le sénéchal de Normandie. Elle était si délicate, qu'elle ne put alors être résolue et qu'il fallut la réserver pour une discussion directe entre le roi et l'archevêque (2). En fin de compte la compétence en matière de douaire et de *maritagium* immobilier resta au roi (3). Mais cette compétence qu'elle avait possédée,

ne renonce a son douaire, qu'ele n'en port son douaire, si ele survit. » Beaumanoir, *Coutumes de Beauvoisis*, n° 622.

(1) Beaumanoir, n°s 319 et 442.

(2) Sur ce conflit et ce concordat voir R. Génestal, *La dégradation des clercs et le droit normand, Bull. des sciences économiques... du Comité des travaux historiques*, année 1911, Paris, 1914, p. 239. Le texte se trouve dans Dom Bessin, *Concilia rothomagensis provinciae*, p. 10, dans L. Valin, *Le duc de Normandie et sa Cour*, p. 280, et dans Raoul de Diceto, *Ymagines historiarum*, Ao. 1190, II, p. 77 : « Ad universitatis vestra notitiam volumus pervenire contentionem motam inter matrem nostram Rothomagensem ecclesiam... et Willelmum filium Radulfi, senescallum Normanniae super quibusdam capitulis de quibus ecclesia Dei conquerebatur... conquievisse.... Item quaestiones de dote vel donatione propter nuptias, quando mobilia vel se moventia petentur, ad ecclesiam referantur. Quaestio vero super eisdem de immobilibus dominis nostris Regi et Archiepiscopo determinanda reservatur ».

(3) « Et questiones de mobili dato in dotalicium pertinent ad forum ecclesiasticum, de immobili vero ad solum regem ». *Très Ancien Cout.*, LXXIX, 11. Même règle dans l'enquête de 1205, Teulet, *Layettes du Trésor des Chartes*, I, p. 785.

En Angleterre, déjà au temps de Glanville (VII, 18), la compétence de la cour d'Église avait été limitée, mais d'une autre manière. Les causes de *maritagium*, même immobilier, pouvaient être portées devant la cour ecclésiastique, mais seulement quand elles étaient dirigées contre celui qui

qui lui avait été disputée, l'Église n'y avait pas, au début du XIIIe siècle, renoncé complètement. En 1228 l'Échiquier était obligé d'user de contrainte pour obliger une veuve à se désister de poursuites intentées en cour d'Église au sujet de son douaire sur un fief lai. Et il résulte même des termes du jugement que l'official pourrait juger si le défendeur acceptait sa compétence et ne se déclarait prêt à répondre en Cour du roi (1).

En tout cas la juridiction ecclésiastique était et resta compétente quand l'acquéreur attaqué par la veuve était une Église. Les deux juridictions pouvaient en cette hypothèse être saisies, comme on peut le voir sous le règne d'Henri II dans une notice du Cartulaire de Préaux (2).

avait constitué le *maritagium* ou ses héritiers. L'action contre toute autre personne, par suite l'action contre l'acquéreur, devait être portée devant la cour du roi. Mais à quelle date cette distinction remonte-t-elle et n'y a-t-il pas là une restriction d'une compétence autrefois plus large ? On sait que sous Henri II la compétence des cours d'Église fut sérieusement attaquée.

(1) « Judicatum est quod relicta Petri Malvesin, que traxit in causam in curia ecclesiastica dominum Robertum de Cortona de feodo suo laico, de quo ipsa petit dotalicium, ex parte domini regis debet moneri quod de placito illo cesset in prefata curia, cum dictus Robertus paratus sit stare juri in curia domini regis; quod si ipsa facere recusaverit, dominus rex debet eam cogere per terram suam et catalla, ita quod eum in pace dimittat super hoc in curia ecclesiastica et terram dicti Roberti faciat absolvi ». Delisle, *Jugements de l'échiquier*, n° 411.

(2) « Notum sit presentibus et futuris quod Robertus Bordet de Ri pro monachatu suo donavit ecclesie Sancti Petri Pratellensis quamdam acram terre... Hanc autem terram per multos annos predicta sine calumnia ecclesia possedit, sed seculi malitia uxor illius Roberti in curia archiepiscopali et in curia regis post mortem viri sui, quod de dote suo esset, predictam terram reclamavit. Unde factum est quod judicio utriusque curie et consilio bonorum virorum excambium donatum est monachis ad fagum pediculosum, scilicet terra pro terra ad valetudinem predicte. Hoc ego Gislebertus de Wascolio... auctoritate sigilli mei, quoniam de feudo meo erat confirmare »... *Cart. de Préaux*, n° 112, f° 50. Gilbert de Vascueil est mentionné sous l'épiscopat de Rotrou, évêque d'Evreux (1139-1165) et encore au rôle des fiefs de 1172 (J. Tardif, *Très Ancien Coutumier, texte latin*, p. 108). Au XIIIe et au XIVe siècle encore, l'officialité était compétente pour connaître des réclamations des veuves, quand l'acquéreur, contre lequel le recours était intenté, était un établissement ecclésiastique. En 1281, une femme jure

Il est donc certain qu'en Normandie, comme en Beauvoisis, les juridictions ecclésiastiques ont jugé des procès de douaire et de mariage encombré. Elles ont pu, elles ont dû se faire une jurisprudence. Est-il téméraire de penser que, pour trancher ces questions, elles recouraient au droit romain, comme le prouvent et le fond même de la décrétale *cum contingat* et sa terminologie ?

Or, jusqu'en 1210, date de cette décrétale fameuse, un juge d'Église pouvait hésiter sur la validité du serment contraire à la loi et destiné à la tourner. L'exemple de l'évêque de Beauvais, le montre bien, comme aussi les hésitations de la doctrine en présence de ce texte, qui, pour la première fois, posait en principe la validité du serment *contra leges*. Bernard de Parme rappelle les nombreuses objections que l'on peut, soit du point de vue canonique, soit du point de vue romaniste, opposer à cette solution (1) et, avant lui, *Johannes Teutonicus* ne pouvant écarter le texte qui s'offrait à sa glose, cherchait du moins à en atténuer, autant qu'il le pou-

« quod ratione dotis, dotalicii, donacionis propter nuptias, matrimonii impediti seu etiam incombrati, hereditatis, successionis, escanchie... nichil reclamabo... in aliquo foro ecclesiastico vel seculare ». L. Delisle, *Cart. normand*, n° 967. L'acquéreur était le chapitre de Rouen. En 1309, la femme de Mathieu Folin, consentant à la vente faite par son mari au prieuré de Beaumont-le-Roger, jure « que jamè des ores en avant encontre la vente contenue en cette presente carte... n'ira ne ne fera venir par raison de heritage, de douaire, de mariage encombré, de don pour noces ne par autre reson quelle que elle soit en court d'église ne en court seculiere ». E. Deville, *Cart. de Beaumont-le-Roger*, p. 88, CXVI (XIII), 1309. En 1317, même formule pour une vente faite à l'évêque de Bayeux, Anquetil, *Livre rouge de Bayeux*, n° 357. Le 24 février 1321, « La cause d'entre Johanne de Hatereaumont d'une part et Eustasse Fleury d'autre part, sur la demande d'uns despens fes en la court de l'official de Rouen sur l'encombrement d'un mariage, que avoit feste ladite Johanne [leur fu] mise au quart jour de l'assise du Noefchastel, devant nostre mestre le bailli de Cauz ». R. Génestal, *Plaids de la sergenterie de Mortemer*, n° 175. Sans doute le défendeur était-il une Église. Je ne me suis pas avisé de cette explication dans la note dont j'ai accompagné ce texte.

(1) *Contra quod dicit signantur multa contraria...* Glose sur le c. 28, **X**, II, XXIV. Bernard est mort en 1263.

vait, la portée, refusant à la femme, qui a confirmé d'un serment son intervention, tout recours contre l'acquéreur, si la succession du mari est suffisante à la récompenser, suivant le système de l'authentique *sive a me* (1).

Tout concourt donc à établir qu'avant la décrétale d'Innocent III la jurisprudence des cours d'Église appliquait le système de l'inaliénabilité absolue des glossateurs et ne validait même pas les renonciations jurées.

Rien d'étonnant à ce que la règle appliquée par les juridictions ecclésiastiques leur ait été empruntée par les tribunaux séculiers, lorsqu'ils avaient la connaissance des litiges de mariage et de douaire encombré.

C'est cette règle que les Coutumiers constatèrent et cette constatation même lui donna une force plus grande, surtout quand, à partir du milieu du XIIIe siècle, la *Summa* fut généralement considérée comme une codification officielle.

Mais, ainsi formulée, la règle était trop rigoureuse, trop gênante dans la pratique, pour qu'on ne cherchât pas à y échapper. Nous allons voir qu'on y parvint.

(1) Johannes Teutonicus a vers 1218 glosé cette décrétale dans la *Compilatio quarta*, où elle fut d'abord insérée. « Quid est ergo quod dicit utriusque juris regula, quod contra leges sit pro infecto habendum est?... Item, cum talis contractus a jure sit damnatus... qualiter praestet juramentum ipsi robur, cum juramentum non sit vinculum iniquitatis. Neque enim illud solum sufficit quod sine interitu potest servari, quia illud fallit in temerariis juramentis... Item qui jurat se exheredaturum aliquem, illud potest servare sine interitu et tamen non tenetur illud servare, supra, eodem, *Quintavallis*. Item fallit supra, de pignoribus, *significante*. Item cum quis jurat quod faciet alium heredem, hoc juramentum non tenet et tamen illud licite potest servari... Item si juravit se soluturum pecuniam spe futuræ numerationis... In omnibus illis non tenet juramentum, licet possit servari sine interitu. Ad hoc dic quod lex considerat quid utile sit et honestum corpori; nam expedit mulieribus dotes salvas esse, ut inveniant aliquem cui nubere possint... sed canon considerat utilitatem animæ; vel dic quod tunc præjudicat ei juramentum quando aliunde potest consuli mulieri, ut dicitur in illa Authentica *sive a me* ». Antonius Augustinus, *Antiquae collectiones decretalium*, Paris, 1609, p. 816.

II

Que la règle formulée par les Coutumiers ait été appliquée, cela n'est pas douteux. On peut voir dans maint acte de la pratique les parties elles-mêmes, le mari et la femme, vendant conjointement, prévoir expressément le cas où cette dernière, revenant une fois veuve sur le consentement donné, ferait résilier la vente (1).

Mais nous sommes en Normandie et les moyens de tourner la loi seront vite trouvés (2).

(1) Richard a vendu sa terre *assensu spontaneo Aelicie, uxoris sue...* « Post mortem vero prefati Ricardi predicta Aeliz, uxor sua, submurmurando dicebat predictam terram esse de dotalicio suo ». Les parties transigent. Dubosc, *Cartulaire de la Luzerne*, n° 34, vers 1196. M. Astoul (*op. cit.*, p. 18) a déjà attiré l'attention sur ce texte significatif. En 1257, Sello et Masa, sa femme, *de communi assensu*, vendent un tènement au Tréport. « Et si forte contigerit quod dicta Masa, uxor mea, post decessum meum voluerit aliquid reclamare nomine dotis, hereditatis vel adquisitionis sive alio quocumque modo... ego... quantum ad hanc pertinebit pro parte sue dotis, super masuram meam... dicto elemosinario... tenemur reddere et restituere... E ut hoc firmum et inconcussum permaneat in futurum, ego predictus Sello et Masa, uxor mea, presenti scripto sigilla nostra apposuimus ». Laffleur de Kermaingant, *Cartul. du Tréport*, n° 196. En 1231, Richard de Bitot assigne aux religieuses de la Trinité de Caen dix vergées de terre en *excambium*, pour le cas où sa femme prétendrait plus tard faire rescinder une aliénation qu'elle-même leur faisait à titre d'aumône : « in plenarium excambium quatuor sextariorum et unius quarterii frumenti ad mensuram de Oistreham et quinque gallinarum et viginti ovorum et unius panis de uno denario turonensi, que sunt de maritagio dicte mee sponse et que elemosinavit meo assensu predictis monialibus, si ipsa vellet ad se amodo dictos redditus revocare ». Chartes de la Trinité aux Archives du Calvados, carton 4, liasse 1, n° 23.

(2) Certains glossateurs avaient essayé de tourner la règle en disant que, si le mari ne peut aliéner, même avec le consentement de sa femme, rien n'empêche que la femme aliène valablement avec le consentement de son mari : *Dissensiones Dominorum*, éd. Haenel, p. 233; A. Boyé, *Les destinées de la Novelle 61*, *Revue hist. de droit*, 1924, p. 480. En Normandie le texte du Coutumier est formel en sens contraire : *et si eciam ipsa illud venderet et abjuraret*, *Summa*, C, 2. Et Richard de Bitot, dans la charte de 1231 citée ci-dessus, prévoit que sa femme pourrait révoquer sa propre aumône. On pourrait penser cependant que ce mauvais argument de droit fut invoqué devant l'Echiquier et d'ailleurs rejeté par lui en 1235 : « Judi-

C'est d'abord l'assignation à la femme d'un autre bien en échange du bien vendu. Faute de cette assignation, la femme reprendrait en nature l'immeuble aliéné, alors même qu'elle trouverait dans la succession de son mari de quoi la récompenser, et ce serait l'acquéreur évincé qui réclamerait *excambium* aux héritiers du mari (1). L'assignation a pour but de renverser les situations : l'acquéreur garde le bien dotal, la femme n'a droit qu'à l'*excambium* qui lui a été fourni (2). Le procédé est sans doute légal, car en 1243 l'Echiquier jugea qu'au cas d'échange, le bien acquis était subrogé au propre de la femme aliéné (3).

catum est quod domina Katerina de Kadros habebit terram suam quam maritus suus impedivit et tradidit Caloto judaeo, non obstante hoc quod maritus suus eam attornasset loco sui ». L. Delisle, *Jugements de l'Echiquier*, n° 552.

(1) *Très Ancien Coutumier*, IV, 3; LXXIX, 5. Assises (1234) : « Heredes mariti defuncti qui obligavit maritagium uxoris sue tenentur ad deliberare et ponere proprium suum hereditagium in manu creditorum ». Mém. ant Normandie, XV, p. 144, 2.

(2) Il y a là une première notion de remploi; à cette nuance près que le bien formant remploi est déjà la propriété du mari au moment de la vente au lieu d'être acheté par lui des deniers provenant de celle-ci.

(3) « Preceptum est quod domina Agnes de Rosolla habeat in excambio quod maritus ejus fecit de maritagio suo sicut habeat in maritagio supradicto ». L. Delisle, *Jugements de l'Echiquier*, n° 715 (1243). L'échange opère si bien subrogation que la femme peut prendre l'immeuble acquis ainsi sans tenir compte aux héritiers de la soulte que le mari a payée. E. Perrot, *Arresta communia*, n° 93 (1292). Cependant il se peut que la femme ait droit de prendre l'*excambium* sans être obligée de s'y tenir et privée de son recours contre l'acquéreur. En ce sens une charte de 1238 dans laquelle le mari, vendant son propre *avec le consentement de sa femme* et lui assignant *excambium*, prévoit cependant que celle-ci pourrait plus tard préférer prendre douaire sur le bien vendu et décide qu'en ce cas l'*excambium* sera donné à l'acquéreur. Andrieux, *Cartulaire de Bon-Port*, CXVIII. Il est possible que la jurisprudence ne fût pas très ferme sur cette question. C'était faire acte de prévoyance que d'envisager la possibilité du refus de l'*excambium* par la femme. Peut-être aussi y a-t-il là une clause ayant précisément pour but de donner à la femme une option que le droit commun ne lui reconnaît pas. En tout cas cette assignation d'échange est fréquente et il paraît par conséquent plus probable qu'elle était efficace : « Et ego... teneor predicte T., uxori mee, dotem suam excambiare in alia hereditate mea ». Andrieux, *Cartulaire de Bon-Port*, LXXV, 1229 ;

Le second procédé consiste à obliger la femme à garantie envers l'acheteur et à sanctionner cette garantie par une obligation de tous biens. Qui doit garantir ne peut évincer; voilà l'acquéreur à l'abri. Le procédé est courant vers le milieu du XIIIe siècle (1). Et, pour justifier cette obligation de garantie à la charge de la femme, nous voyons mentionner à l'acte que le prix a profité à celle-ci aussi bien qu'à son mari (2).

Que l'on ait ainsi voulu tourner la loi, cela me paraît certain. Y parvenait-on? Peut-être pas, la jurisprudence admettait peut-être la femme à évincer malgré la garantie. C'est du moins ce que craignaient les parties qui, dans un curieux acte de 1260, prévoient un recours possible malgré consentement juré et garantie et obligent la femme par un serment supplémentaire à rembourser, en ce cas, à l'acquéreur, le prix et ses impenses (3).

« Quia ego R. nullatenus volo quod Eustachia, uxor mea, possit in predictis decimis aliquid de cetero reclamare ratione hereditagii, maritagii seu dotalicii seu quocumque alio modo, ego predictus R., assignavi predicte Eustachie in propria hereditate mea sita in parrochia predicta centum solidos annui redditus, de quo reddilu ipsa se tenuit pro pagata ita quod in predictis decimis nihil per se vel per alium de cetero reclamabit ». *Cartulaire du Chapitre d'Evreux*, Archives de l'Eure, n° 236 (1248). En 1308 un homme constituant *maritagium* à sa fille sur le *maritagium* de sa femme, assigne échange à cette dernière. Saige, *Cartulaire de Fontenay le Marmion*, n° 56.

(1) « Et sciendum est quod nos predicti Richardus et Johanna hanc venditionem per obligationem mobilium et immobilium nostrorum, ubicumque fuerint, tenemur fideliter observare »... Andrieux, *Cartulaire du Tréport*, n° 221 (1270); cf. *ibidem*, n°s 207 (1260), 215 et 216 (1262), 226 (1280), 240 (1295). « Johannes dictus Pulcher, carnifex et Dyonisia, ejus uxor... vendidisse partem... quam habebant in herbergamento... garantizare et defendere ad usus et consuetudines Ebroicenses tenentur ». *Cartulaire du Chapitre d'Evreux*, Archives de l'Eure, n° 242 (1259).

(2) G. et M. sa femme vendent *pro communi utilitate nostra* et garantissent. *Cartulaire du Tréport*, n° 224 (1277). En renonçant à tout droit la femme d'un vendeur affirme « dictam pecunie summam esse et fuisse conversam in communem utilitatem ipsius et dicti militis mariti sui ». *Cartulaire du Chapitre d'Evreux*, Archives de l'Eure, n° 364 (1282).

(3) Pierre de Meulan et sa femme Ligarde promettent garantie : « dictam

Mais le moyen le plus simple et le plus courant de désarmer la femme, c'est la renonciation jurée à son droit de recours : renonciation nulle et sans effet d'après les termes formels des coutumiers, mais dont la pratique finira par imposer la reconnaissance à la jurisprudence de l'Echiquier.

Cette renonciation est déjà courante au milieu du XIIIe siècle. Et l'on peut penser que ce sont les notaires d'officialité qui l'ont répandue, s'appuyant sur la décrétale *cum contingat* et sur la doctrine canonique.

En 1233, à une date où les actes passés sous le sceau de l'official sont encore peu fréquents, on voit des époux, qui ont fait une vente par acte sous sceau privé, venir devant l'official passer un acte spécial de renonciation (1).

Et la pratique continue tardivement à l'officialité de Bayeux de rédiger séparément la vente et l'acte de renonciation (2). Mais en général, depuis 1270 environ,

venditionem at usus et consuetudines patrie garantizabimus contra omnes. Si vero contingeret quod ego, predicta Ligardis (quod absit), post mortem mariti mei, istam vendicionem revocarem de facto, contra juramentum meum temere veniendo, voluimus et volumus,... et promisimus sub vinculo prestit juramenti, et specialiter mulier supradicta... quod ego, ante rei vendite restitutionem, aut, me moriente, heredes nostri precium dicte venditionis, una cum estimatione melioracionum in dicta hereditate appositarum, dicto archiepiscopo vel ab eo causam habentibus restituemus fructibus medio tempore perceptis in soluto minime computandis » L. Delisle, *Cartulaire normand*, n° 654 (1261). On pouvait aussi consolider la clause de garantie par une amende conventionnelle. *Cartulaire de Bon-Port*, n°s 129 (1243), 130 (1244).

(1) D., avec le consentement de sa femme, fieffe une terre à un chanoine de Rouen (*Cartulaire du Tréport*, n° 156, 1233); puis ils comparaissent tous deux devant l'official, reconnaissent la fieffe et la femme renonce à tout droit sous serment (*ibidem*, n° 157).

(2) Le mari vend seul par acte sous sceau privé le mariage de sa femme (*quam... habebam... ratione Mabiliae, uxoris mee*), puis la femme comparaît devant l'official et renonce sous serment (*juravimus... quod de cetero nihil reclamabimus*). Bourrienne, *Antiquus Cartularius ecclesiae Baiocensis*, n°s 358 et 361, II, p. 78 et 81 (1246). De même en 1259 (n° 460, II, p. 190), 1273 (n°s 500 et 501, II, p. 243 et 245), 1277 (n°s 570 et 571, II, p. 327 et 328), 1286 (n°s 544 et 545, II, p. 295 et 296; n°s 558, II, p. 313).

l'acte même d'aliénation est passé devant l'official et la renonciation jurée est une clause de cet acte (1).

Des notaires d'officialité la pratique passa aux juridictions des vicomtes et baillis, quand, vers 1280 environ, les particuliers prirent de plus en plus l'habitude de préférer le sceau du roi à celui de l'évêque (2).

La clause même qui désarme la femme de son recours, s'est perfectionnée petit à petit. Les actes ne contiennent d'abord que la vague formule par laquelle le mari et la femme jurent de respecter l'aliénation qu'ils viennent de faire et de ne l'attaquer sous aucun prétexte (3). Puis on dégage, pour prémunir spécialement l'acquéreur contre les réclamations de la veuve, la renonciation expresse au droit de douaire ou de *maritagium* (4).

(1) *Grand Cartulaire de Saint-Taurin* (Archives de l'Eure, H 194), f° 73 v° (1270). Cf. *infrà*, p. 582, n. 2. Delisle, *Cartulaire normand*, n° 814 (1272).

(2) Bourrienne, *Antiquus Cartularius ecclesiae Baiocensis*, n°s 548, II, p. 301 (1284); 551, II, p. 305 (1283); 541, II, p. 291 (1283) devant le vicomte; 577, II, p. 336 (1283) devant le bailli. Tous ces actes sont des renonciations distinctes de l'acte de vente. Mais on tend plutôt à introduire la renonciation dans l'acte même d'aliénation : *Ibidem*, n°s 578, II, p. 337 (1288); 537, II, p. 350 (1289); 594, II, p. 359 (1288). *Cartulaire de Fontenay-le-Marmion*, n° 31 (1284). *Cartulaire du Tréport*, n° 238 (1294).

(3) R. vend avec sa femme une masure à Louviers; « ego etiam et prefata Lecia, uxor mea,... juravimus predictam conventionem in omnibus firmiter tenendam (Bonnin, *Cartulaire de Louviers*, n° 143, I, p. 182, 1223). Serment, *quod nihil reclamabimus* (*Antiquus Cart. ecclesiae Baiocensis*, n° 361, II, p. 81, 1246). « Et insuper juravimus... quod in predicta pecia terre aliquo jure quolibet modo aliquid de cetero non reclamabimus ». Laffleur de Kermaingant, *Cartulaire du Tréport*, n° 189, 1252. Cf. *Cart. de Louviers*, n° 213, 1257; *Antiq. Cart. Baioc.*, n° 545 (1286).

(4) « Nichola, uxor Willelmi Fortescu, de assensu dicti Willelmi, mariti sui... juravit quod... nichil de cetero reclamabit nec jure hereditario, nec nomine dotis nec aliquo alio modo... » (*Cartulaire de N.-D. de Rouen*, n° 319, 1230). « Juravit quod in totali dicto tenemento cum domibus desuper, nomine dotalitii, hereditagii, elemosine seu qualibet alia ratione ... nichil de cetero reclamabit » (*Cartulaire de Bon-Port*, CIII, 1235). « Hanc autem venditionem ego et Martina, uxor mea, non coacta dicto Radulfo ... fiduciavimus tenendam, et juravimus ... quod in hac venditione ... nec ratione dotis nec aliqua alia ratione de cetero reclamabimus » (*Cartulaire de Louviers*,

Enfin apparaissent, vers 1260, les renonciations expresses aux moyens de droit et aux textes législatifs que la veuve pouvait invoquer (1).

Le moyen de droit visé, c'est le bref de mariage encombré ou de douaire empêché. Le texte législatif, c'est celui de la *Summa de legibus*, auquel on attribue depuis le milieu du siècle environ autorité de loi : c'est en 1258 que l'on voit pour la première fois la cour du roi se référer à la Summa comme à un texte officiel ; c'est en 1260 que je trouve la première renonciation expresse à la *Coutume de Normandie* (2). On y ajoute parfois, mais rarement, la renonciation à la loi Julia modifiée par Justinien et au sénatusconsulte Velléien (3). Mais ces

n° 149, I, p. 204, 1239). Cf. *Ibidem*, n° 206, 1256; *Antiq. Cartul. ecclesiae Baiocensis*, n° 460, 1259; *Cart. de Beaumont-le-Roger*, n° 68, p. 58, 1263; *Antiq. Cart.*, n°s 501, 1273; 571, 1277; *Cartul. normand*, n° 967, 1281 : « Quod ratione dotis, dotalicii, donationis propter nuptias, maritagii impediti seu etiam incombrati, hereditatis, successionis, escanchie .. nichil reclamabo ». Ceux qui connaissent les belles études de M. Meynial (*Etudes sur les renonciations au Moyen âge*, *Nouv. Revue hist. de droit*, 1901, 1902) ne s'étonneront pas de la redondance de ces énumérations.

(1) Souvent d'ailleurs les deux formules coexistent; dans une première phrase les époux promettent de ne pas attaquer l'acte, spécialement *nomine dotis*, dans une seconde ils renoncent aux moyens de droit qui le leur permettraient.

(2) Renunciantes... per juramenta nostra exceptioni non numerate pecunie, doli mali, consuetudini Normannie et omni statuto omnibusque aliis exceptionibus per quas posset hujusmodi venditio infirmari » (*Cartulaire normand*, n° 654, 1260-61). « Et renunciavit dicta J. ex certa conscientia consuetudini Normannie per quam mulieres post obitum maritorum suorum solent repetere dotes suas venditas, alienatas vel etiam obligatas, seu maritagium suum venditum, alienatum vel etiam obligatum » (*Cartulaire du Chapitre d'Evreux*, n° 329, 1271, n° 333, 1266). Même formule dans le *Grand Cartulaire de Saint-Taurin* (Arch. de l'Eure), f° 73 v°, en 1270. Voir aussi *Cartul. normand*, n° 814, 1272; *Cartul. de Louviers*, n° 288, 1274; n° 295, 1283; *Cartul. de Fontenay-le-Marmion*, n° 31, 1284.

(3) « Et renunciavi ex certa conscientia exceptioni constitutionis senatus consulti Velleiani pro mulieribus introducte et consuetudini Normannie per quam mulieres post obitum maritorum suorum solent repetere dotes suas venditas, obligatas ac etiam alienatas et maritagium suum venditum, alienatum seu etiam obligatum » (*Cartul. du Chapitre d'Evreux*, n° 346, 1274). Les

textes ont évidemment beaucoup moins d'importance. Le droit normand est formé; il a son texte officiel, ses moyens particuliers et précis de procédure. Inutile d'invoquer la loi ou l'authentique devant les juridictions séculières qui reçoivent maintenant, en vertu de la Coutume, la plainte de la veuve.

Cette pratique constante devait arriver à modifier le droit.

Assurément l'official n'avait aucun pouvoir de modifier une coutume séculière expresse. La vente est rescindable, la renonciation sans effet, le serment lui-même ne la valide pas. Mais l'official, sachant que le serment qu'il reçoit risque d'être violé, prévoit la violation et y pare par une sanction. Cette sanction peut être une amende (1), mais ce sera surtout la sanction éminemment religieuse de l'excommunication. La femme reconnaît au juge ecclésiastique du lieu du contrat le droit de la frapper de censure; elle accepte d'avance sa juridiction, en quelque lieu que se trouve, au moment du

époux renoncent « exceptioni dicte pecunie non numerate et in utilitatem eorum communem non converse, doli mali et in factum, auxilio epistole divi Adriani, nove constitutioni de duobus reis promittendi, privilegio crucis... et omnibus aliis exceptionibus et maxime dicta Amelina, cum auctoritate predicta, renunciavit constitutioni qua cavetur maritum fundum dotalem alienare non posse, consuetudini Normannie super revocatione fundi dotalis alienati hactenus observate, auxilio senatusconsulti Velleiani. Juraverunt insuper dicti R. et A... quod contra premissa ratione dotalicii, maritagii, elemosine vel aliqua alia ratione non venient in futurum »... *Cartulaire de Montmorel*, n° 230, 1277.

(1) De ... juramento ... servando dedi fidejussores sub pena XX librarum turonensium ». *Antiq. cartul. Baioc.*, n° 361, II, p. 81, 1246. « Si contra hoc... presumpserit venire sub prestito juramento obligavit se soluturam dicto capitulo XXX libras turonensium, antequam super hoc audietur, nomine poenae tunc commissæ ». *Ibidem*, n° 460, 1259. « Promisit insuper dicta uxor spontanea, non coacta, ut dicebat, quod ipsa de cetero in premissis rebus ratione dotis... nichil... reclamabit. Et hec omnia... juraverunt... se firmiter observare sub pena centum marcharum argenti, ad hoc bona sua... obligantes et expresse concedentes quod, pena soluta vel non, venditio predicta robur obtineat firmitatis ». *Cartul. de Louviers*, n° 198, 1253.

parjure, son domicile (1). La condamnation peut même être prononcée immédiatement pour s'appliquer automatiquement en cas de violation du serment.

Ces précautions mêmes supposent que la règle du Coutumier était toujours en vigueur et que la juridiction séculière admettait le recours de la veuve, même au cas de renonciation jurée. Mais si, devant le juge lai, l'acquéreur ne peut opposer à la femme sa renonciation, ne pourra-t-il lui opposer l'exception d'excommunication? En effet, excommuniée à raison de sa demande même, la veuve devient aussitôt incapable d'ester en justice. C'est ce que disent nettement plusieurs actes. En 1271, Marie, femme de Raoul Pellevé, consent qu'au cas où elle attaquerait l'acquéreur, l'official l'excommunie sans monitions préalables, publie l'excommunication et lui fasse ainsi refuser toute audience *in utroque foro* (2). En 1273, une formule plus énergique et qui assure une exécution plus rapide, prononce immédiatement une condamnation conditionnelle, de sorte que

(1) « Insuper sub debito prestiti juramenti supposuimus nos et nostra jurisdictioni dicti reverendi Patris Ebroicensis episcopi, ut possit nos compellere, vel per alium, censura ecclesiastica ad omnia et singula supradicta fideliter observanda, ubicumque maneamus vel consistamus ». *Cartulaire normand*, nº 654, 1260. « Renunciavit... consuetudini Normanniae per quam mulieres... solent repetere dotem... in foro seculari, jurisdictioni curie Ebroicensis se et sua quantum ad hoc supponens ». *Cartul de Louviers*, nº 288, 1274. « Concessit predicta Laurentia quod, si contra predictam venditionem veniet aut in aliquo venire niteretur, soluta a viri sui prenominati [lege], quod officialis Ebroicensis qui pro tempore fuerit, possit eam excommunicare, nulla monitione premissa, cujus jurisdictioni supposuit se ad quemcumque locum se transtulerit scienter prudenter Laurentia antedicta ». *Cartul. du Chapitre d'Evreux*, nº 256, 1263. « Agnes, uxor Guillelmi Feron... juravit... quod ipsa non veniet etc. ... Ad quod juramentum observandum dictam Agnetem praesentem et consentientem cum auctoritate dicti mariti sui, condempnamus ». *Antiq. cartul. Baioc.*, nº 501, II, p. 244, 1273.

(2) « Volentes et concedentes expresse quod nos, nulla monitione premissa possimus excommunicare et excommunicatos facere denunciari et perjuros necnon eidem omnem audientiam denegari in quocumque foro, si contingeret ipsos seu eorum alterum venire contra premissa! ». *Cartulaire de Montmorel*, nº 230, 1277.

le refus d'audience s'applique sans aucun retard (1).

Ainsi la pratique des officialités imposait indirectement une modification du droit coutumier. En dépit des termes formels de la *Summa*, la renonciation jurée produisait son effet.

La juridiction séculière n'avait plus qu'à s'incliner. C'est ce qu'elle fit. On se doute d'abord qu'elle admet la validité de la renonciation jurée, quand on voit apparaître, vers 1280, sous les sceaux des vicomtes et baillis, les mêmes formules que dans les actes des notaires d'officialité. Cela paraît plus net encore, quand on voit, en 1284, le vicomte de Falaise condamner lui-même par avance la renonçante à l'observation de son serment (2).

Comment après cela l'Assise ou l'Echiquier auraient-ils pu admettre la femme à présenter le bref de mariage encombré ?

Et, en effet, en 1293, l'Echiquier condamnait une femme à servir, après la mort de son mari, la rente qu'elle avait, conjointement avec celui-ci, constituée sur le fonds dotal et il motivait la condamnation : *quia juraverat, prout apparebat per litteras venditionis, tenere venditionem antedictam* (3).

Cette jurisprudence devait être durable. Un jugé d'Echiquier débouta, en 1391, la déguerpie Jehan Deshays d'un bref de mariage encombré, parce qu'elle avait dans l'acte de vente juré de respecter l'aliénation (4). Cet arrêt

(1) « Volens et consentiens quod, si secus fecerit, quod ei omnis audientia denegetur et quod tanquam rea perjurii puniatur. Ad quod juramentum observandum dictam Agnetem... condemnamus ». *Ant. Cartul. Baioc.*, n° 501, II, p. 246, 1273. « Voluit autem... quod, si ipsam contra præmissa aliquo modo venire contigerit, quod nos ipsam, nulla monitione premissa, excommunicemus et faciamus excommunicatam publice nunciari et ei in quolibet foro omnem audientiam denegari ». *Ant. Cart. Baioc.*, n° 518, II, p. 265, 1271.

(2) « Unde nos ipsam Philippam presentem et consentientem ad omnia premissa observanda fideliter et in perpetuum auctoritate regia condempnamus ». *Cart. de Fontenay-le-Mannion*, n° 31, 1284.

(3) E. Perrot, *Arresta communia*, n° 104, 1293.

(4) L'arrêt figure au registre de l'Echiquier (*Registrum litterarum cau-*

devait fixer pour longtemps la jurisprudence. On le voit figurer dans un recueil très répandu qui fut ajouté à l'*Ancien Style de procéder* (1), on le voit cité en marge des *Coutumiers* du xve siècle, sans que jamais l'on trouve trace d'une jurisprudence contraire (2).

sarum expeditarum in Scacario Normannie de termino Pasche M.CCC.IIIXX.XI apud Rothomagum, Archives de la Seine-inférieure, Registre n° 9, f° 2 v°). Mais, si nous n'avions que ce texte, nous serions bien mal renseignés sur la portée de la décision. Comme il est d'usage dans ces registres de lettres, dans ces *Mémoriaux* qui étaient rédigés en vue de la délivrance aux parties, le rédacteur se préoccupe seulement d'indiquer la partie gagnante et la condamnation qui, à la requête de celle-ci, fut prononcée contre son adversaire. De pareils textes n'étaient d'aucune utilité pour un recueil de jurisprudence. Aussi n'était-ce pas d'extraits des registres que ces recueils étaient composés, mais bien de souvenirs d'audience, qui seuls pouvaient fournir à l'auteur, par les termes de l'ecroë, la question de droit sur laquelle les parties s'étaient mises en jugement, et faire connaître ainsi au lecteur la solution juridique admise par le juge.

(1) « En l'eschiquier de Pasques tenu a Rouen l'an mil CCC IIIIXX XI jugement entre Pol Gaignard d'une part et la déguerpie Jehan Deshays d'autre, apres la veue faicte et tenue pour faicte par entre eulx, la dicte deguerpie dist vers le dict Gaignard : Les lieux veuz, et montrés sont certains héritages qui me furent donnés a mariage, sur lesquieulx mon mary m'encombra; et pour ce ay prins ung brief de mariage encombré à l'encontre de vous en l'an et jour de sa mort, et pour ce je di et conclu etc. A quoy ledit Gaignard respondi et dist : Vecy par lettres comme vostre mary et vous me vendistes les dits héritages et me promistes et jurastes vous et chacun de vous, que jamais contre la vendue ne yries et renonsastes etc. Or crois je ceste enqueste que la dicte vendue vous feistes de votre volenté sans force ou menace de votre mary. Et aincy se le fait ne voulez amender, veues mes lettres, je me deffend. Et laditte deguerpie dist : Je ne veul attendre le fait pas vous affirmé et di que, veue la coustume, qui dist en brief de mariage encombré, que femme peult rappeler l'eritage que son mary lui a encombré ne etc. se elle vendi [ou fouriurant] ou foriuroit, ne n'est gaigne vers elle pas loy oultrée ; et puisque vous n'avez gaigne les dits heritages vers moy par loy oultrée, je di que vous ne vous deffendez pas. Et ledit Pol dit, veues mes lettres et le fait affirmé, je soustiens le contraire, dont ilz se mirent en jugement es assises de Vyre qui fu jugée pour ledit Pol et contre la dicte veusve et confirmé en l'eschiquier ». *Ancien Style*, chap. LXXIX, *Mém. Antiq. Norm*, XV, p. 66, 1. J'ai corrigé le texte manifestement corrompu en certains points de l'*Ancien Style* à l'aide du ms. cité ci-dessous.

(2) *Coll. Mancel de Caen*, ms. 308. En marge du chapitre *de brevi maritagii*, f° 77 v°, d'une écriture du xve siècle. Dans un ms. du Coutumier français du xve siècle (B. Nat. fr. 5965) on lit en marge du f° 167 v°, au

La renonciation jurée est donc bien et définitivement devenue valable. Or, toute renonciation était dans la pratique appuyée d'un serment. La règle de l'inaliénabilité absolue ne trouvait plus aucune application. On finit par la considérer comme complètement abrogée par désuétude. Dans la première moitié du xve siècle le consentement de la femme est valable même sans serment, du moment que les lettres de vendition ont été passées par acte authentique. La *Glose* en témoigne expressément et esquisse en même temps une ingénieuse théorie historique de l'inaliénabilité. Le consentement de la femme était, dit le vieil auteur, sans valeur, quand les ventes se faisaient sous sceau privé, car rien ne garantissait la liberté et la sincérité de ce consentement. Il n'en est plus de même depuis que l'on passe les actes par devant les tabellions royaux (1). La règle n'existe

chapitre *De mariage encombré* : « No. L'en use le contraire quar, se elle le forjure, elle ne le peut james rappeller ».

(1) « Et pour la déclaration de ces mots contenus eu texte : mesmement se elle le vendoit ou foriuroit peult on faire ung tel doubte. Scauoir se le mary vend l'heritage a sa femme et elle si consend et oblige de sa voulenté, se elle le peult iamais rappeller par bref de mariage encombré. Appert que ouy par ce texte. Pour la responce de ce doubte on doit noter que anciennement on faisoit les lettres et les passoit on soubz les seaulx des vendeurs et soubz seaulx ignotz : et nestoit lors aucuns tabellions royaulx ne on ne passoit les lettres de vendition devant eulx comme on fait pour le présent. Ces choses notées on peult respondre au doubte que se la femme se consent a la vendue avec son mary elle ne pourra iamais reuoquer icelle vendue, car les tabellions ne passent aucunes lettres se ce n'est de la voulenté et consentement des vendeurs par ordonnance sur ce faicte et le contiennent les lettres des contractz. Et ainsi quant a present la femme ne seroit point recevable a dire qu'elle eust faict le passement devant les tabellions par force ou contrainte. Car en tel cas les tabellions ne receuront point les passemens, comme dit est : mais anciennement au cas posé au doubte elle eust esté receue a contredire la vendition par bref, non obstant qu'elle s'y fust consentue, pour ce que les maris pouoient pour lors contraindre les femmes a passer lettres de vendition approuvez soubz leurs seaulx ou autres seaux ignotz et pouoient les maris mettre es letres ce qu'il leur plaisoit eu preiudice des femmes, dont il en avenoit plusieurs inconueniens. Et pour ce fust lors la coustume introduite quelles peussent reuoquer telles venditions nonobstant leur consentement. Laquelle cause quant à present cesse

donc plus parce qu'elle n'a plus de raison d'être (1).

L'explication n'est pas si mauvaise. C'est bien, en effet, à partir du moment où les ventes se font par acte authentique, sous sceau d'official d'abord, de vicomte et de bailli ensuite, que la règle commence à être efficacement tournée.

Toutefois l'inaliénabilité dotale, pratiquement écartée dès le XIIIe siècle, abrogée par la jurisprudence et l'interprétation doctrinale au XVe, devait renaître de ses cendres, et, cette fois encore sans doute, sous l'influence du droit romain, dont Le Rouillé et Guillaume Guerpel, celui-ci avec plus de discrétion, rappellent les règles et les textes (2). En 1539, un arrêt célèbre admettait à nouveau le recours de la femme consentante et renonçante contre l'acquéreur, avec une sérieuse atténuation toutefois. Ce n'est qu'un recours subsidiaire ouvert à la femme qui ne trouve à la mort de son mari ni le remploi — dérivé de l'antique *excambium* — de son propre aliéné, ni ressources suffisantes pour la récompenser. Encore l'acquéreur a-t-il le choix de rendre le bien en nature ou sa valeur.

La Coutume de 1583 consacra les nouveaux principes. En règle générale, l'aliénation faite du consentement

et na point de lieu pour quoy on ne use plus du texte ainsy qu'il gist. Et par ce texte appert la responce au doubte ». *Glose*, chap. C, *de mariage encombré*.

(1) Le *Nouveau Style de procéder* donne aussi, pour le milieu du XVe siècle, la même solution : Item il y a un autre clameur qui se nomme bref de mariage encombré, qui est ottroyé aux femmes apres le trespas de leurs dits maris... Et quand les dictes femmes veulent dire que leurs maris *sans leur consentement* ou, s'elles si sont consentues, ce a esté *par force ou par bateries ou menaces*... iceux leurs maris ont vendu et transporté les heritaiges qui propriétairement leur appartenoient, ce qu'ils ne pourvoyent ni debvoyent faire ». *Nouveau Style*, chap. *De bref de mariage encombré*.

(2) Sur cette évolution, V. Ch. Astoul, *Observations sur l'évolution du régime matrimonial normand et les doctrines juridiques au* XVIe *siècle*, *Congrès du Millénaire normand*, I, p. 457 à 461, Rouen, 1911.

des deux époux est valable et définitive. Mais la femme aura récompense sur les autres biens de son mari et même subsidiairement, et sauf quelques cas exceptionnels, recours contre les tiers acquéreurs (1). Les mêmes règles s'appliquaient au douaire avec cette restriction seulement qu'au cas de douaire coutumier, la femme n'avait de recours que s'il ne restait pas assez de biens sujets au douaire pour lui fournir son tiers (2).

Ainsi la fameuse inaliénabilité dotale normande ne fut d'abord qu'un emprunt, assez malheureux en somme, au droit romain. Introduite par la jurisprudence des Cours d'Église au XIIe siècle, passant avant la fin de ce siècle, avec la compétence en matière de douaire et de *maritagium* immobilier, aux justices séculières, l'inaliénabilité était violemment combattue par la pratique et éliminée du droit normand avant la fin du siècle suivant.

Mais elle avait eu le temps de se faire constater et confirmer dans un texte vénéré. Inappliquée, la règle était toujours inscrite au *Grand Coutumier*. Il suffit d'un nouveau contact avec le droit romain pour la faire revivre au XVIe siècle, mais sans qu'on pût lui rendre jamais sa rigueur première.

R. GÉNESTAL,

Professeur à la Faculté de droit de Caen.

(1) Articles 539, 540, 541.

(2) Voir plus haut, p. 567, n. 1. « Le consentement que la femme auroit pu donner à l'aliénation des fonds sujets à son douaire ne peut la préjudicier; en renonçant à la succession de son mari et en prenant des lettres de restitution contre son consentement, elle pourra poursuivre les acquéreurs ». Roupnel de Chenilly, note sur Pesnel, art. 379.

BAR-LE-DUC. — IMPRIMERIE CONTANT-LAGUERRE. — 1926.

www.ingramcontent.com/pod-product-compliance
Ingram Content Group UK Ltd.
Pitfield, Milton Keynes, MK11 3LW, UK
UKHW021035260726
13994UKWH00005B/2166